簠齋金文題識

[清]陳介祺 著
陳繼揆 整理

文物出版社

簠齋金文題識目録

序

《簠齋金文題識》乃余往年集記録。題識内容豐富，考定銘文，判斷時代，很有價值。特别是記録器物出土地点及流傳經過乃本書特長。除秦始皇詔版二三器因李斯篆書爲借拓者外，書内各器均爲簠齋自藏。

題識資料來源，余已不能全然記得。除少數取自《簠齋藏古目》，多抄自金文拓本之包裝紙上。簠齋考辨鑒定器物，决心收藏以後，爲贈友好及傳世之用，乃令傳古助手拓成若干紙，用毛頭紙包裝起來，隨手將考釋及各事題於包裝紙上。時經百餘年，中間更换包裝紙，簠齋題識又轉抄於新紙上。拓片與稿本自來由陳氏長房長支保管。余乃簠齋六世長孫，自年輕即保管並服務於拓片箱。所見拓片包裝已爲民國初年由祖父禮丞遣人换包抄録，已非簠齋手筆。惟其如此，後日抄讀者即遇到許多困難。

部分録自别處者，如《銅鏤鞠》題識。今余書篋中另有一份此器題識，是親筆，寫於某人來函信封上，與此題識大致相同。体育界至今有一疑問，即我國足球起自何時？見此題識，即可斷言『起自戰國』，或曰『傳說起自黄帝』。古之足球，有銅者，有韋者，韋即皮，内實以物。古之蹴鞠爲練兵、練將、選將之用，與今日足球基本相同。簠齋得此球於光緒十年甲申春，即离世前半年。余未得見原器，但見拓片。簠齋引古籍以考證，寫此題識，頗有價值。

讀此書可參考《簠齋藏古目》、《簠齋吉金録》。

陳繼揆

二〇〇五年八月

鐘　凡七

邢仁女=鐘

鐘之大者。鐘大而質似少薄，未稱。

四十一字，鉦間三十二字，鼓右九字。

浙江錢塘張應昌仲甫、揚州包氏、山東諸城劉喜海燕庭舊藏，得之劉氏。

仁女=疑仁接。

䲨鐘

補甬。有乳環鉦百二十一。

三十五字，左鉦上七字，横列向中，鉦間通上三行，二行行九字，一行十字。

鼓左。

得之關中。

虘、嫭、叡屢見吉金，亦見《說文》，而古音訓未能定。蓋爲其祖作也，其考盧伯爲支子，故此曰用仰大宗也。仰字奇，即卬，人形。

大者爲其祖作，小者爲其父作，文不盡同。

兮仲鐘

二十七字。鉦間十三字，鼓右十四字。

書與鐘制俱似王朝者，虢尗旅編鐘同。

山東諸城劉燕庭因李寶台得于廠肆，得之劉氏。

己紀侯鐘

背甬有環。甬有環者唯此。古鐘有銅鉤，多無字，唯南海吴氏所録有從鐘之鉤四字。

六字。己字有剔誤。

鐘小而厚倍它鐘，當不中律，國之所以早亡與。出山東壽光。

山東益都李載賡、江西萍鄉劉金門鳳誥、山東諸城劉燕庭舊藏，得之劉氏。見《山左金石志》。

楚公受鐘

大者。

十四字。梟形鼓左。

得之關中。

家從𠂢，疑仍是受異文。

楚公受鐘

次者。

十三字，重文二，象形鼓左。

得之廠肆翟君官學正者。

楚公受鐘

小者。

十六字，重文二。

得之關中。

編鐘　凡四

古奇字編鐘

補甬。

削書字。两面各十二字，磨滅者九。

鐘有二，其一歸河南糧道湖北蔣啓勷，未得拓本。蔣君啓勷時觀督豫中，未詳所出，或即豫所出與。

清卿視學關中，當得蔣器拓中有者泻字者，余未得見。

虢尗旅編鐘

二十六字，鉦間十三字，鼓右十三字。鳧形鼓左。出關中，同出三鐘。宗周鐘今不知所在，世傳唯虢尗旅三鐘爲冠。浙江山陰胡定生、山東諸城劉燕庭舊藏，得之劉氏。

𠭯編鐘

小者甬文與大者鉦間文同，當是一人所作。是末一鐘。山東長山袁理堂宜業舊藏，得自袁氏。己伯其祖也，盩伯其父支子也，與虘鐘是一人作。虘、𠭯一字。

鄦許兒倪編鐘

两面有字，一面十六字，一面十四字。鑿款。阮録全鐘，今亦不知所在。文與陽湖孫氏藏全文鐘有異者，不可解。

鐸　凡一

兩手奉舟鐸

一字在柄，即古受字。

周以前。所見鐸多商器，遒人有徇，則夏制矣。

方鼎　凡三

趠鼎

亦可名厚趠鼎。

三十三字。

見薛尚功《款識》，宋器今存蓋千百之一矣。

商己亥方鼎殘片

，古揚字，作器者名。

商器。

□字。

得之濰市。

聃毁四耳者，三見，太保毁四耳，一見，當即古於字，後世誤以爲方，以于爲。

堇山臤㗊方鼎殘片

十字。

余於膠西王竹溪家親見完器，是曹文莊、張氏物。張有元祐老屋。

兵燹後得於白浪河干銅市。

阮録所收是圜鼎，蓋今在吴平齋處。

，古咒字，通祝。《書》、《詩》並訓侯祝爲咒。《穀梁》祝吁。《左傳》州吁

之州，以□□誤。祝□一字。祝之从兄，疑亦是□之譌，兕□非一字也。祝□一字，法廢、治亂一字例與。

圜鼎　凡十八

厝鼎

右周公厝鼎銘兩段三十二行，四百八十五字，重文十一字，共四百九十六字。每字界以陽文方格，中空二格。近出關中岐山縣。鼎字之多者，曶鼎不可見已，真本亦不易覯。關中近日出土之鼎，其大者字似曶鼎少大，尚爲青緑所掩，爲李公所得，次即盂鼎歸劉公，皆長安宦。此鼎較小，而文之多幾五百，蓋自宋以來未之有也。典誥之重，篆籀之美，真有觀止之歎。數千年之奇於今日遇之，良有厚幸已。

咸豐二年壬子五月十一日寶簠居士陳介祺審釋並記。

器侯馭方鼎
八十九字。
光緒甲申得之閩中。歸里卅年，得鼎以此爲最。

商天君鼎
二十六字。
𠂤是乍者名。

商鼎字鼎
一字。

莫伯鼎
六字。
山左土物。

車上𠃌執刀形。甚古，商器。

伯魚鼎

六字。

出易州，敦一，殘；毁器一；有勺一，無銘。

伯當是氏，非伯仲。

杞伯敏父鼎

十五字。

有平蓋，蓋無文，蓋有三𠆢。

出新泰。

丁丑所收。

陳侯鼎

二十一字。

此非田陳器。

山左土物。

犀伯魚父鼎

十七字。

余藏古器文有魚字者，鼎二、尊一、爵二、觶一、毁三，皆有不同，可見古人象形之神變。

鄭君敳鼎

□字。

奠有定訓，疑有定音，音在奠、定之間，與鄭音近。

究不同。

葉東卿贈。

甚斟鼎

十字。

歸里所得，其齊産與。

鼎文多有諆字，諆田則是地名。

甘从曰从匕，即斟。斟尋古邦在濰南。戓从口，臧字。

∀是羊首象形，小鼎盛羊首之器也。

襄鼎

六字。

子鼎

六字。

小，破。
得之濰市。

伯鼎

小鼎，陪鼎。
三字。
又有刻字，似非僞而遜。

旁肇鼎

小鼎，陪鼎也。
五字。
㫄字可正《説文》。凡可正《説文》字，皆當一一記之。

䵼鼎器蓋

鼎極小，小者陪鼎，又有蓋。
耳旁出上曲。
鼎小而有蓋者罕覯。
器蓋各五字。
出齊地，疑亦田陳物也。

眉胅鼎

與商字鼎蓋合。
六字、一字。
似漢制，則周末矣。蓋雖合，未必一器。
制爲秦漢鼎之權輿矣，古制厚重爾，周末器。
一フ一勺也，十フ一升也，十升一斗也。字从止。
此漢器紀升斗之所由放。

梁上官鼎

有蓋。

關中寄。

蓋六字，朿上官；器六字，宵䛐誰鈛不同，下三字同，参品分。吳清卿時視学陝甘大澂所藏鼎有上官字、平安君字，李方赤外舅藏鼎，東臯長芴臣藏鼎，余並定爲梁器。

鬲　凡三

艾伯鬲

十一字。

絲絲是地名。

鑄有圉。

奠鄭興伯鬲

八字。

劉氏舊物。

[illegible]从[illegible]，亦奇字。

郳伯鬲

八字。

甗　凡二

龔妊殘甗片

五字。

賸即媵，[illegible]疑嬋。

伯貞殘甗片

六字。

是器見之廠肆，是新出土，碎不可補綴者。

旅之从方，蓋旂形之誤也，可見古旂之形，它旅皆作二人，此从下加止，蓋從字旅從之義也。

古旂干上有中，旂帛長方形，斿，橫長形，旂，有弓韣。

毁　凡二十五

聃毁器

四耳方坐，医齋之寶。

七十一字。

聃，武王同母弟八年最少者。毛伯聃、聃季一人。與毛公鼎同出關中。

頌敦蓋

一百五十二字。王朝書。

凡金文述王命前後皆記事，皆與書體例同。立皆當釋位，非如字。頌古容字，公亦容也。頌古作。

君夫敦蓋

四十四字。王朝書。

君夫之祖父爲康王臣，故在康宫命之，康王之子之後同，他放此。堯舜禪禹受亦皆于廟，蓋古禮矣。

儥見《說文》。自是求，以手振裘之象與。自是友，友當是官名，如太史友、內史友也。

函閻皇父敦器、函皇父敦蓋

器蓋各三十六字。

皇父見《詩》。

用之作周乃加王，如盂鼎之文武玟珷，召伯毁鼎之太保作俘，皆加王見義，字不得以爲从玉之琱也。

銘中所言之器，想俱同出而不知所在。

彔毁器、彔毁蓋

器蓋各三十六字，器有泐。王朝書。

淮字見鄁伯霰簋，作器者名彔。

福山王廉生農部懿榮寄余[illegible]鼎文，亦曰師淮父[illegible]衍相道至于舒，是一時一事所作，蓋彼往而此歸也。曰師曰伯，蓋彼官而此字也。淮从口，見鄁伯霰簋。

師害毁器、師害毁蓋

器蓋各三十一字。

出齊東。

[illegible]，奇字。文考亦異它字。

豐兮[illegible]毁器、豐兮[illegible]毁蓋

器二十二字，蓋二十字。

張叔未亦有一器，似器蓋互易。

小子師毁器

二十一字。

小子官名，見《周禮·夏官》。

或小子師爲官，師从子異文，自从二臣，與丁小農[illegible]鼎同。

卿，大饗也。手執中爲史，中上作[illegible]，猶中之作[illegible]。

古似事、吏一字。而事皆作叓，未見今吏字文。

商祖庚乃孫毁器

二十一字。

字已近周。諸从者，苾从必，餕从夋。祖庚之孫，其馮辛與。古器不名者亦僅見。乃祖乃父乃孫，商誥文也。

格伯毁器

二十字。

有蓋無銘。

城虢遣生作毁器

十五字。

兩耳三足損。

城虢者召伯與，遣生其屬與。周造邦，如洛如申，皆召公、召伯主之。

㚤句母毁器

十六字。有闌。

㚤句即鉤弋。㚤，《説文》婦官也。乇似句，从手从里，或即句之異文、繁文而同鉤。漢鉤㚤夫人居鉤㚤宫，《漢書》亦作弋。三㚤見《北史·周紀》、《隋書·禮儀志》。南國名又姓，旁人名。㚤，此从母。

伯閔残毁器

十四字。

閔同盂鼎，釋闕。

南中燹燼，得之銅市，拘攣欲鎔盡矣。

己紀侯毁器、己侯毁蓋

器耳有二環。

器蓋各十三字。

己，古紀字。艾，少艾，與艾伯鬲作□同。

□□毀器

器精字殘。

七字。

第二字晉公盦毀中有之，小異。

伯喬父毀器

十三字。字口有損。

□，古天字，高下从冂，今多以爲京、亭字。字見潘伯寅少農供奉所藏郘伯𪐈鐘字中。

中毀器

底有龍文。

十字。

□父乙卯毀器

六字。

底有陽識□字，余有□父丁爵。

伯魚毀器、伯魚毀蓋

制作莊古。

器蓋各六字

出易州。

伯魚毀殘器

六字。

鼎毀同出，一勺無字。

商䧹父癸毀

□字。

商子戊毀器

器有乳。

二字。子荷瞿形。

商癸山毀器

有乳。以上二毀同出。

二字。

商廟形重屋毀器

百乳。

一字，自是宗廟形，上宇下臺也。

得之濰市，似非齊出。

雙鳳集木毁器

一字，鳳皇雌雄相向形。

鐔埘毁　凡一

陳侯因資毁器

蓋失。

鐔即毁。形如半瓜，俗名西瓜鼎。三環爲足，二環爲耳，異古毁矣。

資，史誤作齊，齊威王器也。

山左土物。

簋　凡四

曾鄫伯霥簋

九十字。

書如石鼓。阮録乃器，此蓋。會，簋蓋也，見《儀禮》。

與慈谿葉夢漁湖海閣所藏當是一器。

徐籀莊云此是會。會，簋蓋也。

器作于周襄王七年丁丑，魯僖公十六年時。《左》僖十六年傳，會于淮，謀鄫且東略也。注：鄫爲淮夷病。故事又見《魯頌·泮水》狄彼東南及鄭氏詩譜。

子而曰伯，或伯仲文。

鄫以魯與諸侯力伐淮夷而作器，自悊聖元武。

鄦許子壯簋

三十一字。

子苾爲余購之閻帖軒。

郜公讞簠

二十七字。
方赤外舅以卅千得之厰肆閻帖軒，余以簠名齋，遂收之。
讞从言，見㬲鼎。

虢叔簠

十字。

簋　凡一

遅簋器、遅簋蓋

二十三字。

十六長樂堂物。考、孝通。姑公，公姑也。純魯字，器蓋不甚同。器作□，蓋作□。

犧尊　凡二

亞中入匕犧尊器

不甚似牛形。

國學欽頒者，色澤至佳而無字。泲上所出，今歸宫子行本昂者字多，見《濟寧金石志》。得之京師。

器蓋各三字，入匕當是二字，非此。

亞中入匕犧尊蓋，似仿補。

商□犧尊蓋

六字。

[illegible]牛首飾形。[illegible]牛口是犧字，象形，古甚。
商當是宋，非人名。
禮家解犧尊曰周尊，商已有之與，宋從周與。

尊　凡八

趩尊

二十八字。五朋合文。
[illegible]即栅，栅即橐，橐□也。

田舊釋魯文旁尊

底有龍文。器近橢方。
九字。

[illegible]舊釋魯，余疑冪形。

傳尊

九字。

山左所得。

末乃刊字，[illegible]則于，彼於此刊或即今於字。

應公尊

制小。

六字。

應，武之穆。子苾有應公二字觶，有柄。

員父尊

六字。

員从鼎，見許書籀文。

魚尊

五字。

有觚自上至下。觚，瓜之棱也。今粤東絲瓜棱高起，觚之所以名與。世止知觚有棱，而不知尊有之者不少，不第觚也。

商子祖辛足跡形尊

四字。

足跡，祖武也。

古器足形皆神似，有四指、三指之異，而無五指者。

商總两角形子父己尊

四字。

器外文與祖庚乃孫毁匹敵。
得之關中。

卣　凡十一

效卣器、效卣蓋

卣小而花文甚精。
蓋缺提折處，今補。
器六十九字，蓋同，卣字之至多者。
器出雒陽市。
□子效，疑仍是從字異文。

⿱珏亚瑟仲狂卣器

器小無提，失蓋。
阮誤作彝，且未剔晰。
十二字。

伯睘卣器、伯睘卣蓋

器有觚。
八字。
器有五字，或以中⊠父殷蓋⊠非五字，以此紀數字推之仍是。或曰睘即瑗，伯玉器也。
潘伯寅有一文同而小，亦弱。

豚卣器

十三字。

矢伯雞父卣器、矢伯雞父卣蓋器蓋各七字。見《山左金石志》，云出臨朐柳山寨。手執雞，非父字。

析子孫父乙卣器、析子孫父乙卣蓋器蓋各五字。

罒父辛祖己卣器、罒父辛祖己卣蓋各五字。罒，皿緐文。器作虎文。虎文，威儀也。周以前。

析子孫父丁卣器、析子孫父丁卣蓋

各五字。
周以前。

子孫父癸卣殘器

四字。
周以前。
出齊地。

祖癸卣殘器

八字。
孫形奇。
作者名有泐。＊亦見他器，筠清刻中記有之。
得之濰市，僅存一底。

舟万旁父丁卣器

卣小，無蓋提。

四字。

万即旁省。

盉　凡三

商立瞿子執干形盉器、立瞿子執干形盉蓋

蓋與器有連環。

器蓋各六字，文古而美。

子執干，當是刊，或曰人名。

商父辛盉蓋
亞中當是䍙字。

史孔和盉
和即盉而小，无蓋足。
十一字。
得之濰市。

壺　凡一

中伯壺蓋
十九字。字有闌文。
關中寄。

其器在子苾閣學處，爲同官以銅高鐙易去。

罍　凡一

欽罍

七字，下又有廿一字，是後刻紀數字。

字奇，多不可識，以末一字名之。罍之器見於閻皇父毁，而齊侯罍文中則名鉼，器文中亦未見罍字名者，姑名之以俟攷。器亦不甚似酒器。

闕中寄。

鉼　凡一

綴窓君鉼

九字。文在足外及兩側，蓋無字。周末。

兩側有酉樂字，酉即酒。

斝　凡二

亚形虎父丁斝

款足如鬲鼎，有兩柱及鋬。文在鋬内。六字。

斝未見古字。

斝似非飲器，疑尊卣之屬，或即大斗之名，上吅即兩柱形，下从斗，言其所容與。

乙斝

器如爵而圜，無流角，足似爵。尖足。

二字。

字作眉目形。

周以前。

觚　凡五

天子班即頒觚

天字上蓋而有蚀。

七字。觚文之多而佳者。

道光乙未得之歷市。

班即頒，頒金也。

手薦血形父丁殘觚

四五字，文古。

山左土物。

啓毛取血當有得毛，以刀血則如此，所執者即盤形。

父乙子豕形觚

四字。

得之濰市。

王廉生所得東武劉氏藏毁，象形豕，至精。此尤簡古，一字備一物形，止是五筆。

二母彘，無失時，則可以養老，故仁政先之。

赤觚

一字。

陽識，古不多作，偶一爲之，以其不經久與。

⺇手向下形、器形觚

一字。

倒舉爲字，當與揚舉之義不同。

觶　凡十六

母甲觶

七字。觶文之至精者。

觶未見古字。

周以前。

周垣重屋祖己觶

四字。

周以前。

山左土物。

父丁告田觶

四字。

器大而字展拓。

卜幺子匕父丁觶

五字。

第一字或釋幼。

子魚父丁觶

六字。仍是舉，同。舉，有舉鼎、舉舟之别。

了孫父己觶

四字。孫異文。

聿貝父辛觶

四字。或曰書，即賮。得之濰市。

舉父己觶

三字。

舉，舉鼎形也。一爲扃，扃所以扛鼎，見《儀禮》注。《易》金玉鉉，當即扃飾。

子父庚觶

三字。

古厚渾淪，如今羊毫大筆書。

亞中子形父乙觶

四字。

毛觶

六字。

舉祖戊觶

三字。

舉祖丙觶

三字。

，上手下器，洗而揚觶之象。

癸觶

一字。字在足內。

子執柯提卣父癸觶

三字。

子提卣執柯，惜字泐。

子立刀形觶

二字。

陽識，在底。

角　凡三

宰椃角

器内三十五字，鋬内二字。

揚州阮文達公舊藏，見《揅經室詩》。

椃即敔。

父乙㸚角

五字。

字古，是商。

[illegible]字肘有一—，肘有懸筆，猶後世之橐筆。二手奉中，史之義也。

父乙⿰阝⿱夫㚘册角

四字。

周以前。

⿰阝⿱夫㚘即櫝。

觥　凡一

門⿱豕⿰豕豕觥器、門⿱豕⿰豕豕觥蓋

器如爵而無柱，腹下平。蓋作兕形，文同。

制與阮氏藏周子⿱㸚火兕觥同。

文十二字。

得之章邱焦氏。

爵　凡五十

盂爵

四行二十一字，文在腹内。

傳世之爵，文莫多于此，爵之至佳者。

隹王初𠦪于成周王令命盂寧鄧伯賓貝用作父寶尊彝二字在賓下。

《説文》鄧，曼姓之國。《春秋》桓二年，蔡侯鄭伯會于鄧。昭十三年傳盟于鄧。杜云潁川西南召陵縣有鄧城。

盂當即南公之孫作鼎者，成王時人。南公《書》誤作南宫。此文曰父，鼎文曰乃祖南公，惜未曰父某耳。

虒爵

五字。文在腹内。

[illegible]作祖辛爵

六字，在柱外至鋬。[illegible]，乍器者名，不可識。

癸[illegible]爵

五字，在柱外至鋬。

二一龍奉中父癸爵

三字。

兩手奉中爵

五字。

父己析子孫爵

五字。

父戊舟爵

五字。

止尊在柱，父戊舟在流之頤。

父戊舟爵其二

五字。

𠃨字反。

子在褓子執干形爵

二字。

子在褓，父戴冠扶杖。

立瞿中丱爵

三字。

中非中，中作中，丱當是總角形。

子壬乙辛爵

四字。

壬或是丁。辛，與書父辛辛字同。

由祖癸爵

三字。

𠙷或釋舁。

祖乙爵

二字。

祖辛爵

二字。

山丁爵

二字。

子丁爵

有觚。

二字。

丁舉爵
陽識。
二字。

匕乙公爵
三字。在柱。

手執節手執中爵
山左土物。

[illegible]父戊爵
三字。
山左土物。

子孫爵

二字。

父甲爵

二字。

癸酉得此濰市，十干乃備。

子[illegible]父乙殘爵

四字。

出齊地。

長匕父乙爵

四字。

長在柱，三字鋬内。

似古象形奇字。

旂單父丙爵

三字。

旂單，宋人舊説，未定，當是旂形，丫以象參伐，[illegible]則弓韣形也，所以銘武功也。

魚父丙爵

三字。

[illegible]父丁爵

三字。

[illegible]字與[illegible]父乙卯毀字同。

子八别父丁爵

四字

八即別。

父丁舉爵

三字。

舉字在柱。

父丁爵

二字。

父丁爵

二字。

陽識。

◇王父戊爵

四字。

舉父己爵

三字。

子負主父庚爵

三字。

酉酒父辛爵

三字。

酉即酒。

父辛爵

三字。

二足蹈矩父癸爵

四字。

子提卣父癸爵

三字。

手執爵形父癸爵

三字。

雙爵形父癸爵

三字。

爵形父癸爵

三字。

爵集木父癸爵

三字。

饕餮爵

一字。向右。

柱上齊字形與器文同，古甚。

饕餮爵其二

一字，向左。

鴮爵

有觚。

一字。

鴮，一名淘河，見《詩傳》，頷下如斗，囊容水數升。爵取飲少，鴮取飲多，皆示戒也。

魚爵

一字。

魚，取飲之樂如魚之在水也。

舉爵

一字。

子爵

一字。

爵

陽識。

盤　凡五

兮田盤

下半已缺。

一百三十三字。

字類石鼓，宣王時物也。魯誓事文。

出保陽官庫，見元陸友之《研北褉志》。

齊太僕歸父殘盤

僅存底一片。沐盤也，惜器殘不見古制。

二十四字，左行。

霝自是靈，通令，亦可皆訓善。《筠清》釋遠遂《積古》。

商臤膚盤

十九字。

臤疑即賢。吴清卿云古取字，即耶古文省。

周以前。

虎疑古膚、盧字省，盧見吉金者不同此。

子上之二當膚之重文，[illegible]，奇字。

陵子盤

十四字。

[illegible]當是作者名，陵子之臣也。第三字戉似國。

緌父盤

六字。

匜　凡七

商㕟虍虎匜

十九字。

虍，盤作虎。

楚當是國名，真古奇字。

陳子子匜

三十字。

子子如《曲禮》女子子之父。陳居齊，濰近寒，真吾器也。字當是寒，古寒國今寒亭，在敝邑。山左土物。

王婦曩杞孟姜匜

十五字。

曩即杞。

黃中匜

十字。

函皇父匜

周𫺐匜

十三字。

甲戌易秦量于潘伯寅。

穌蘇甫人匜

九字或十字。

字多奇。五七皆奇字，五作㜛，七似□。蘇當即《書》司寇蘇公之後，《左氏》蘇忿生以温爲司寇。

𨥨　凡二

太公和𨥨

一百八字。

咸豐丁巳间，二區一鋘同出膠西靈山衛古城。張小雲爲購之。

陳猶釜

三十四字。

文中有區字。

區名太公和器文。《史記》今本誤嫗，得此可證。

吴清卿太史云[illegible]即釜、釜字，當名釜。

鋘　凡一

左關鋘

古量。

四字。

字不見許書。
十鋘正及區頸之肩，所謂小斗收也，大斗貸則當區矣。
形如半匏，有流，與二區同出膠西靈山衛古城址。
左關當是今靈山衛古城地，右關則今沂水縣之穆陵關也。余有右關司馬印，出齊地。

鋻　凡二

右里鋻

字不見許書。
四字。
得之白浪河干市上。

右里鋻

四字。

小於前。

鐱　凡四

王元訵鐱

二行十字。每字有笵痕。

《山左志》舊釋以宝用爲天水固非，釋元調亦不審，瓦之非周矣。阮釋寶用，誤入漢。

古鐱之制當以身之長短，上中下士以身言，非官也。此似東遷後物，若徐季子之子逞之鐱，余尚疑之。

似干首而無綴旄處。

攻（攻），敔當是國名地名。王元訵舊釋調非。自乍（作）其（其）寶（寶）用，舊釋天水繆。

高陽四鋏

三字。

今傳世者唯此是鋏，其有繫旄處者，皆干首也。徐季子之子者制爲干首，其曰鋏，則疑僞矣。鋏短而確是鋏。

唯此是真古劍制而小。

古鋏有玉飾璏、珌、琫三者，此有璏，與玉者同。制小，或下士所用也。

鋏有文者少，此尤古於王元詘者而小。

高昜即揚，丅即丂也，三四。

尗戜古篆鋏殘字

宋王復齋《款識》有董武鐘拓，薛書有琱戈、鉤帶、商鐘，余有古奇字編鐘，此似之。

古金銀錯十二字鋏拊環殘字

《曲禮》進劍者左首，《正義》曰：首，劍拊環也。

干首　凡二

五字干首

陽識。

舊皆以干首爲鐓，不知干首柄中高如環，以繫旄處，不可握也。

齊出干首多無字，余喜收之，僅得此有字者。

字干首

陽識，有僞款。

此干首之小者。今之用兵，旗干之首如錐可刺，猶古意也。

字見余藏父乙卯毁腹款，作，爵文亦同此。亦似字。

瞿　凡四

夏□瞿

瞿古于戈。

二字。

此與阮書所載商𠁰戈文有同處，彼□釋𠁰，□釋至，以□爲坤，即漢刻之巛，此作□，似皆與巛不同，或是眉象，古文有蘄壽之義。余見商文字多細，字小於周，此古於商，故列之夏。

齊出。

商立瞿鉞形瞿

二字。

文一如器形有柄，舊釋立戈形似誤。文一鉞形，釋古者繆，阮誤釋寶。吴平齋藏瞿作目形，即瞿字，甚古。

器短于拓，以孔之故，當横拓。

商卯八瞿

二字，陽識。

或曰卯、卯不同，或非卯字。

以上二瞿文古甚。

商虎文立刀瞿

文六。

瞿文皆古于戈。

虎頦毛文象以示威，古文重威儀，故多象虎形也。古器有車形斜插大刀者，此亦有二大刀形，蓋大刀三代已有之。又一毁文作立瞿上二刀，如今腰佩之刀，蓋腰刀三代已有之矣。

二孔以繫柲者。

齊出。

戈　凡四十五

商梁伯戈

十六字，可辨者十字，秘有文，惜不完。

戈之精者無踰于此。

商器字有小此，此尤小。

鬼方作敫。

字小而至精。余定爲商伐鬼方時作，以中有鬼方字也。

昔以商器字爲大而疏散奇古者，今以此戈與祖庚乃孫毁，與吴清卿太史視學關中所得鳳翔出土乙亥方鼎字校之，則商器字不得以小疑之。

商文之古厚者人知之，瘦勁者人不知。

商奇字龍首戈

奇字一，作□。

二年群子戈

以下三戈皆有□字，當是一國所造。

鑿十六字，第三字群，六其，十一馬、見印，十五丹，鑄一字，蛟篆，在胡，甚古，蓋古戈後加鑿字。兑之戈，成王時尚寶之，此或同輿。兑之戈即古戈。與蛟篆壺文相似，疑是古戈鑄款後又鑿款。齊出。

卅三年戈

存十二字，餘掩於青緑。

周□四年殘戈柲

十五字。

或是隹三四季邘命輅庶上軍斝龍梁或是馬。

光緒八年五月既望辛丑收，高文翰游豫所得。可名曰邘戈。輅當是地名。余藏卅三年戈，左軍下亦有季字，與此同是一國一時物。

大𣪘戈殘胡

存十二字。

字小，似郘黛編鐘。

此戈笵銅有鎔損字處，古器時有之。

山左土物。

十八年殘戈柲

秦子戈

十五字。

伯益七世孫非子事周孝王，封爲坿庸，而邑之秦。平王東遷，襄公以兵送之，王封襄公爲諸侯，此曰秦子，或襄公之器與。

宋元公戈

見《濟寧志》。

《史記》作元公佐，此作⿱大土，可正今本之誤。

元公元年，周景王十四年庚午也。

⿰告貝即造，从貝，見三代古匋器。

葛繹山在西，古文以爲嶧陽，《漢志》注也。丕陽即嶧陽與。族从㫃从矢，即族，丕陽族邳人也。《竹書》商外壬元年，姺人邳人叛。《左氏》昭元年，商有姺邳。

定元年，奚仲遷於邳。邳，古宋地。

山左土物，出任城。光緒辛巳得之方子聽。

匽燕王戈

六字。

匽古燕通，即燕王，非後之郾王。郾王見史封爵。

山左土物。

燕戈多出齊地，宣王所俘與。

匽王殘戈柲

八字。

山左土物。

郾王戈柲

七字。

郾即燕。

五牧金，仿貢金九牧之文也。

郾王殘戈柲

公邑皮[illegible]戈金二化戈

六字。

山左土物。

末字似二化貨。

平陽高馳里鈛戈

七字。

戈繁文从金，可補或纂。

山左土物。

高密⿰女告戈

四字。

造从戈，奇。

孔府有上高密造戈，誤分密爲二字，此可爲一字之證。上者，所以别于下密。

芋子戈

命趙將□善殘戈柲

[illegible]𠂤省阜[illegible]戈

四字。

第一字見散氏盤，第三字舊从冂。
阮釋曰巽者，據此似非孖。此阜名，言有事于其地，歸而作戈紀之也。
齊出。

作湿右戈

三字。
𠃊省乚，手也。卜，矩也。湿从洒从皿，自是水名、地名。
山左土物。

圭斤徒戈

四字。
翟文泉年丈賜物，後又得一齊出銅合符鉤，文曰圭斤乂，余謂圭从有人有土，與圭之省寸，並是封字，封斤自是人名。
山左土物。

子[illegible]子造戈

四字。

山左土物。

[illegible]不完哉□殘戈

□字，字大。

戈出土存三片，唯哉字完。

長畫戈

五字。

山左土物。

周右軍戈柲

二字。

陽識。

塦貰〓〓戈

四字。

貰見余所得即墨出土周瓦當。〓下似余藏師害毁中〓字，毁亦齊出。第二似〓，第三似師害毁中〓字，第四从龙，舟皿。〓字見古匋器古瓦當，當皆齊出。鉅鹿郡有貰縣。〓見《説文》新坿字，云或从金从本，此必非鉢。田陳物也。山左土物。

塦〓子窖釴戈

五字。

似陳□子造戈，而皆異文。

第一見漢瓦當，造从穴。

□，《説文》云篆文麗字。□，疑造。□，疑戈。

山左土物。

田陳物。

□止八字戈

八字。

惜用久，字淺不可辨。

山左土物。

塦右鋯釴戈

造从鋯，戈从釴，中又作□。

平阿右戈

《史記·魏世家》三十五年，與齊宣王會平阿南。《呂氏春秋》齊晋相與戰平阿，餘子亡戟得矛，卻而去。

《漢書·地理志》平阿縣沛郡。

平作[illegible]，同余平陸戈作[illegible]，此二平尤合平準之義。《尚書大傳》非水無以準萬里之平。《說文》亏下有古文[illegible]，不及从水之義，或亏近于吁，而非平正字。可作可，見古匋文。阿作[illegible]，从山，古繁文，阝亦山可。

右或車右。

平陸左戈

薛書平陸戈作平陸，云《古器物銘》曰藏淄川民間。

古陶國字作國，戈即戈，此當是戈重字。

陳圂豢邑殘戈

陳，田陳，此省土。圂，古豢字，从口繁文，或曰从啄。邑下字缺。

山左土物。

皇邑左戈

三字。

山左土物。

右濯作戈

濯，水名。

《爾雅》濯，大也。《方言》荆吴楊甌之郊曰濯，濯，大也。《漢書·司馬相如傳》上濯鷁牛首，注：濯者，所以刺船也。又《劉屈氂傳》，又發輯濯土，注：短曰輯，長曰濯。櫂，《史記》通濯，《劉屈氂傳》集注，濯亦作櫂。《文選》江文通詩：倚棹泛涇渭，注：棹與櫂同。

此戈或舟中所用。
山左土物。

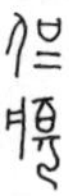戈
山左土物。光緒壬午得之周邨市。

右夘戈
二字。
山左土物。

白新戈柲

橐形戈
一字。

橐形無底而兩端束之。與橐父辛當是一人作。一即弓矢。吳清卿釋𡭴、隙古文，此似不从小。齊出。

垔戈

一字。

垔，地名，堙古文作𡋿，此从壬，壬聲與。

《説文》鄄，衛地，今濟陰鄄城。襄十四年傳杜云：鄄，衛地。《漢志》濟陰郡有鄄城。

山左土物。

陳散戈

二字。

山左土物。
田陳物。

吾宜戈

二字。
周末。

㝨武軍戈柲

龍文古戈

文即字也。
瞿之初變戈者，戈之至古者與。

雷文古戈

秦不韋詔事戈周末秦戈坿一

詔事二字鑄款，屬邦二字鑿款，在柲一面；五年相邦呂不韋造詔事圖丞蕺工寅十五字，鑿款，在柲一面。

雖是斯書，尚在六國未并時，當坿周末，是年己未。戈大銅精，沉沙陷穿，堅不可出，亦無青緑。李斯爲呂舍人時書也。

更有鑿文驗呂戈，先鎔詔事畏嚴苛；舍人游説秦王客，萬古熸書恨不磨。

字淺，以石搴拓之。

矛　凡六

帝降矛

八字。

降下或是賚字。

山左土物。

郾王矛

七字。

匽即燕。

山左土物。

郾王殘矛

㡯八川各矛

四字。

山左土物。

武敔矛

三字。

武下作□，即丑，粈之省也。粈見《説文》。

高奴矛 秦矛坿

二字。

器精如新。

秦楚之際，項籍以董翳爲翟王，都高奴，葛洪曰：今延川金明縣。

出關中。

鐏　凡一

鐏

三字。

《曲禮》進戈者前其鐏，進矛戟者前其鐓。註：鋭底曰鐏，平底曰鐓。此末鋭，自是鐏。

三代銅器

豐字銅器　凡二

豐字銅器

二字。

金鋪之屬，古銅虎首銜環是。

曰豐公，自是周先公廟中之器，如公劉之稱。

豐字之右半，云似公者，李星甫精拓。

審之仍是倒系字，有泐，又有畫似△，或是丟字之半。記此以訂舊説。

豐字銅器

字。

又一小者，制同而無鼻，作⊗，×可以繫，其用亦猶鼻也。字在內，爲×所隔，不易拓。

聃𣪘豐作豊，與此同，則此是周初器矣。

豊即豐，鎬豐宮所用器歟。

金鋪　凡一

周金鋪

今傳世大虎面即鋪首。鋪首，鋪之虎首，非鋪即鋪首，鋪當是今禁門銅釘。《説文》鋪，箸門鋪首也。此或曰門飾。

距末　凡一

周距末

愕作距末見阮書，云金填畫，展轉至歙程木盦，則已爲傖父剔金可拓，奈何不知摹刻亦可拓邪。阮引距來，疑弩，又以爲飾弓簫。余按曆鼎右巨，巨即鉅。《釋名·釋兵》弓其末曰簫，言簫梢也。《鄉射》、《大射禮》右執簫，注俱弓末也。《曲禮上》

注，簫，弭頭也。又簫，邪也：注，又簫，弓頭：疏。《考工記》注：短者居簫，疏：簫謂兩頭。《管子》來者鶩距，注：距，止也。《儀禮》長皆及俎距，注：俎距，脛中當横節也。《鄉射禮》距隨長武，注：距隨者，物横畫也。《一切經音義》距，古文詎、岠二形。《檀弓上》注：虡，距也。植曰虡。按簫爲弓末，弓頭弭頭爲梢，今俗尚名弓梢。以其受弦處横，故古曰距。弓之末，故曰距末也。

今弓梢長，戰弓仍短，古金文弓作□，又分上下，垂者爲飾爲弦未可定。

余昔以爲距末不可有二矣，今訪古者以所拓全形求之，竟又獲一。款三行，行四五字不可定。一行末似石，二行首似禾。禾，馬字，近周末梁國古戈書。

銅鏤鞠　凡一

周末古博具銅鏤鞠

《漢書·枚乘傳》狗馬蹴鞠刻鏤，刻鏤是否屬上，此銅而鏤，姑借名之。

器圓，中空含丸，以十八鉼連綴鑄成。刻字於鉼，正上作驕字，作四十，作二，作九，至正下，作[illegible]，二字字横。向右下作十三，作一丿，作ナ，至正下。左作十六，作三，作十二，右作十五，作四，作十一，至正下。二四夾五，四一夾十，一三夾六，三二夾八，其數十六，重十衍七。驕[illegible]之外，各間四乳。字似小篆，六八九十則近古，五有隸意，戰國與秦與。博具無疑，不能詳其用矣。《史記·蘇秦列傳》六博蹋鞠者。劉向《别録》曰：蹴鞠者，傳言黄帝所作，或曰起戰國之時。蹋鞠，兵執也，所以陳武士，知有才也，皆因嬉戲而講練之。

《漢書·藝文志》蹵鞠二十五篇，注：鞠以韋爲之，實以物。《三蒼》鞠，毛丸。《封氏見聞記》打毬，古之蹴鞠也。

權　凡一

秦始皇詔銅版鐵權

昔聞余與燕庭丈所得秦出銅詔版，陰有鑄款大字者，皆鐵權去鐵，鐵上有字痕，以爲歸里不可覯，竟於蘭山沂厈古城址獲此完者，當是百二十斤之石。四周近鐵作深緑色，陰亦當有鑄字。

重今庫平八百十九兩五錢。琅邪所出。

古愚之寶，敝帚千金。有見之而大笑者，此八字之所以云云。

題秦始皇百二十斤石鐵權圖

十鐘主人得之古琅邪間。

關中二權，得者皆去鐵存銅，不知其狀何似，寤寐思之，今竟獲于吾鄉，吾大集斯相書而有以感之邪。

權版　凡二

秦始皇詔鐵權銅版

百二十斤之石也，鐵不存。

上有鬳字。陰有鑄款，左行，字四，有開國氣象。

鑄款四字，丞相綰湮。器蓋先鑄詔字大版，分以入笵，使鐵入字，鑄成復刻詔于外。

出秦寶雞，或云出醴泉縣北之趙邨。

秦始皇詔二世詔鐵權銅版

百二十斤之石五權重者。

上有十字一，陰有右行大字六。秦出，見《長安獲古編》。

劉燕庭方伯《長安獲古》至寶愛之品。

出寶雞縣寶雞台土中。

此即顏黃門《家訓》所記，開皇二年長安民掘得秦時鐵稱權，旁有銅塗鐫銘二所者也。

此似二世時作，非刻於始皇器者。

秦始皇詔二世詔銅量

始皇詔字大而佳，近瓦量，唯用泐，二世詔如新。余疑之，同志多謂不僞。鮑子年得於青門，潘伯寅司寇以易余周宨匜。字在左側。二世詔在後，則仍是刻左。器柄中空，以受木柄。用久，故詔字泐。二世即位，又刻詔於左。李斯所謂金石刻之金刻也。暴秦十五年而亡，金刻傳世者，唯張叔未殘版九字是始皇詔。余今裒集海内秦金，又精拓瑯邪秦石刻，亦秦書之大觀矣。

今篆上推祇至李，豐碑屹立始于秦。試嘑篆祖兼碑祖，珍重柔豪作字人。　海濱病史

秦始皇詔二世詔銅量　吴氏

借拓之子苾閣學之子仲飴倩太守。誤通柄作匜流，又增四足及獸環。

始皇詔右側，二世詔左側。

秦始皇詔二世詔銅量　李氏

借拓之竹朋汀守。施蕅堂故物，阮書當即此。始皇詔刻右，二世詔刻左及底。容上此二分半之一分，鮑氏量容此二又半也。

量版　凡六

秦始皇詔木量銅版

以四角有穿，定爲木量版。秦出。斯篆，銅版與琅邪片石並峙。巋然片銅，可作琅邪巨石讀矣。始皇文字惟此與二鐵權、三銅量、九字殘版而已。

秦二世詔木量殘銅版

四角有穿，缺一，損字八又二半。篆刻之美者。見《長安獲古編》。

秦二世詔木量銅版

背有陷，當亦入木者，見劉書。

秦二世詔殘銅版

版上缺十四字，下右斜長。借拓海豐吴氏。吴氏尚存一版，失之。

秦二世詔木量銅版

横方，背有杙，見劉書。

秦二世詔木量銅版

横方，有杙。

秦出。

鼎　凡十二

雲陽鼎

上十六字。雲陽有宫，《三輔黄圖》曰：甘泉宫，一曰雲陽宫，始皇二十七年作。即秦林光宫。

下廿二字。安陵，惠帝陵，長安城北二十五里。元年，吕氏元年。

□，餐加金，金聲。共，共廚。

秦漢皆有雲陽宫。廚，宫廚也。

《史記·始皇本紀》韓非死雲陽，又徙五萬家于雲陽。《漢書·武帝紀》徙豪傑于雲陽。成帝行幸雲陽。《長安志》古有雲陽宫。《漢志》雲陽有休屠金人及徑路神祠三所，越巫䑚鄹神祠三所。《史記音義》曰：匈奴祭天處本在雲陽甘泉山下。《唐六典》

至漢武元狩中殺休屠王，獲其祭天金人，帝以爲神，列于甘泉宮。《史記正義》徑路神祠在雲陽甘泉山下。

文穎注：趙倢伃先葬雲陽，是以就雲陽爲起雲陽陵。

出關中。

ㄱ，勺也；升，十勺也；斗，十升也。此古升、斗字之所以作與。

犛車宮鼎

十四字。

宮名未詳。車宮見《周禮·掌舍》。犛即《漢志》右扶風斄縣。《周禮·樂師》注：旄，氂牛之尾。余藏封泥有犛丞，是从毛，而誤出此キ似牛與。《釋文》或作犛，合。名衣，衣或鼎名，如甲酉文與。

美陽共厨金鼎

十五字。

美作美，上丷誤刻。昭帝母趙倢伃死葬雲陽，昭帝即位，起雲陵。《寰宇記》雲陽亦有美陽縣地。美陽有高泉宫。金即銅。

杜共鼎蓋

杜即杜陵縣。宜，宜陽縣。先杜而後宜與。名曰百五十五，亦多矣。二十二字。杜，杜陵，宣帝陵。

上林鼎

陽朔二年，西漢成帝十年戊戌。上林，上林苑。《史記·始皇紀》乃營作朝宫渭南上林苑中。《漢舊儀》其中離宫七十所。器廿八字，曰十百第四百，一千之四百也。蓋七字，曰二百六十，非一而合也。

乘輿十湅銅鼎

永始三年，成帝十九年丁未所作。細文帀字一，百字二，共五十二字。

此漢至佳之器。

臨菑鼎

項羽封田都臨菑王，此或其器。九字。

山左土物。

廢邱鼎蓋

項籍以章邯爲雍王，都廢邱，高祖三年，更名槐里，此或是章邯器。十二字。

菑川金鼎

菑川王劉賢劉志，文景時封，此其器。器十六字，第卅二，蓋十二字，第一，非一器。器又有工字。

山左土物。

陽周倉金鼎

陽周侯劉賜，淮南厲王子，文帝八年封，此其量鼎。十九字。

安成家銅鼎

家，侯家，安成侯劉蒼。器十九字，第十五至第十六，或所容同。蓋十六字，不曰十五。器後十年得。

□□鼎

鼎折足。損上二字，存九字。缺字似承安。

鍑　凡一

漁陽郡孝文廟銅甗鍑

鍑十六字，甗三字，鼎失。

景帝末收漁陽郡時所造也。《史記·文本紀》，景帝元年十月詔御史爲文帝廟昭德舞，丞相嘉等請郡國諸侯各爲文帝立太宗之廟，此漁陽郡所以有孝文廟也。同治己巳得泰山前出土漢鼎，内深如盂，外有輪，尚存一甑，始知此二器爲甗鼎之用，鍑以受米，甑鼎重湯烝之，唯甑名未定。

䰝　凡一

漁孝廟䰝

即甑，《説文》甗、甑互訓。

制如圜合，平底，中出輪，上有口，輪合鼎口，口容鍑足。余見泰山下出全器，始知之，文三字。

鍾　凡三

新莽中尚方鍾

三十一字，泐四字。

始建國三年，是年辛未。

東漢陳彤鍾

廿五字。

陽嘉二年，順帝八年癸酉，中郎生年。

此鍾初見拓本以爲不精，而鑿法今所不能，及見器則字上青緑堅結，必不僞也。甲戌六月所得。

陽嘉二年十一月廿五日癸亥，陳彤作此鍾，且子孫家□富。東漢順帝即位之八年癸酉也。

字在足内，足外作青龍、朱鳥各二。

扶侯鍾

足底陽識五字。漢侯扶下有柳、德、平、陽、鄉，此省，未可定。𣃔當是復，國除而祝復家與。足外刻款十七字，雷師作，又紀直，又鷺形。陽嘉下當是三字。

陽嘉三年九月十八日十七字鑿款，又鷺形，均在足外。扶侯鍾宜𣃔五字鑄款，在底内。

扶鄉侯劉普楚思王子，扶柳侯吕平，扶陽侯韋賢，扶德侯馬宫，扶平侯王崇，無扶侯，扶侯自是東漢所封者。

鋆　凡一

十六年鋆

十九字。文帝十六年，或始皇十六年，未可定。

鋆，温器，象兜鋆形。

《内則》敦牟卮匜之牟當即此，鄭讀曰堥，堥从土，或古陶器。

熏鑪　凡一

陽泉使者舍熏鑪

四十七字。

阮説以雒字爲東漢，余謂《禹貢》、《周禮》、《左傳》、《史記》多作雒。此□□五年六安十三年與五鳳二年魯卅四年同例，則是西漢無疑。一金一石，並峙無三。漢金書唯此字大而精，直可作漢石名碑賞矣。揚州秦太史故物，簠齋漢器第一。

此漢器之極似碑者，宋以來箸録無上之品也。

雁足鐙　凡一

綏和銅雁足鐙

三十四字。

成帝即位二十五年癸丑改元所造。鐙故作雁足，取有行列，今傳世唯建昭爲佳，竟寧次之。《宣帝》贊曰：至於技巧工匠器械，自元成間，鮮能及之，誠非虚語。尚有東漢永元一鐙，並此僅四。四鐙皆失承盤，此存三柱。

雁足鐙之傳世，西漢建昭、竟寧，東漢永元而已，此關中所出，海内今有四矣。

高鐙　凡三

萬歲宮鐙

三十一字。

《三輔黄圖》汾陰萬歲宮，武帝造。《宣帝紀》：元康四年幸萬歲宮。元延四年，成帝廿四年壬子。

臨虞宮鐙

三十字。

西漢成帝。

與萬歲宮鐙同，有二，燕庭劉氏獲一。

步高宮鐙

七字。

步高宮在新豐縣，亦名市邱城。

温，宫之温室，工官見《漢·地志》。

燭豆　凡一

上軍侯燭豆

十字。

高鐙也。豆，登也。土軍侯宣義，高帝封；劉郢客，武帝封。縣屬西河郡。燭，舊誤鴻。

錠　凡一

曲成家銅錠

十三字。

漢文字中至精之品。

高鐙至小者。曲成侯二，一劉萬歲，一蟲達。元康四年，達元孫茂陵公乘宣詔復家，此當是達子孫器。若宮錠是行鐙。鐙、錠、釘、豆古通。

張叔未有館陶家錠，同此少大。

行鐙　凡四

桂宮前浴行鐙

十六字。

《三輔黄圖》云：桂宫，武帝太初四年起。此曰二年而無紀元，必不能删去不用，則宫是武帝前作。又《史記》本紀、《漢書·地理志》、《前漢紀》俱不載作桂宫事，唯《前漢紀》云太初四年起明光宫，不能一時並起二宫，或明光誤作桂與。簠齋辛丑所得。

桂宫，漢武帝造，在未央宫北，漸台西。

池陽宫行鐙

三十字。

宫在池陽南上原之阪，宣帝二十四年辛未作。劉燕庭有詩，張石匏、鮑子年和之，皆未見足下莊字。

宣帝二十四辛未所作也。東武劉燕庭方伯得之青門，刻入《長安獲古編》，長歌紀之，曰二十有九言，未及足下莊字，余作圖時，次子厚滋始辨得之，因賦句坿張石匏、鮑子年和詩後：足下鑿文諦曰莊，勒名取義兩難詳，當年原文猶疏略，一字縑留此日價。

開封行鐙

開封，開封侯也。《功臣表》：開封侯陶舍，高祖十一年十二月丙辰封，元狩五年免。《宣帝紀》：元康元年復。功臣侯家皆西漢事，則此是西漢物矣。又有淺畫字，漢器多有之。

日上鐙

鐙無底柄，鏤銀文銅片，底不連。有二字。

行鐙盤　凡一

未央宮尚浴府乘輿行燭盤

三十四字。

右有温卧二字。元年自是武帝前之元年。未央，未央宮。尚浴府，掌未央宮浴室事者，以此行鐙導乘輿至浴所，復導至未央殿温室卧内，猶内者樂卧鐙之爲長樂宫卧内也。内或釋句或向，均未安。

錢獻之、方鐵珊故物，今在簠齋。

飯幘　凡一

新莽常樂衛士飯幘

式如秦量而底平，名曰幘，可見古幘之形。

莽量也，幘其形。廿六字，外一口高起，即斗檢封。地皇上戊二年。

壺　凡一

富貴壺

陽識二字在底。
漢器文之精者。

金刃　凡一

膠東食官金刃

膠東，膠東國，後漢入北海。《百官志》有帝陵食官令，又太子食官令，本注曰，主飲食。此王食官也。漢器有信都食官行鐙。存字十一又半。
山左土物。

漢銅器　凡六

尚方故治八千万銅器

尚方下有羊形。此種内銅，誤名曰藕心泉久矣。徐新坿字：鎖，門鍵也。此似藕心者乃鍵之鐵。完字、千金氏字者同。

完字銅器

羊形同上。

千金氏銅器

千金八千万義同。

大者千萬家銅器

大者或是大族之文。

又其二

家作豕。

少府銅器

權　凡二

新莽建八兩圜權

權如圜。始建國元年。十五字。

山左土物。

長宜子孫小權

字如竟。

車銅　凡四

前右上廣車銅

背一字，曰二。廣，見《左氏》。

在序下車銅

制同。

人吉利車銅

背泉幕文。

大吉利車銅

制同，無泉。

葆調　凡一

青陽畢少郎葆調

制奇，用未詳。一有字，一小、無字。略似藕心，或是鐵，葆車之用與。

刀圭　凡一

大郭刀圭

張叔未藏，名曰刀圭，今仍之。大猶巨，巨姓也。

辛巳得之方子旺。

洗　凡十三

董是器洗
是、氏同。象雉雊鼎耳。

董氏作洗

吉羊洗
底存。

吉羊洗

嚴氏造吉羊形洗

吉羊富昌洗

陳富貴昌洗

雙魚。

富貴昌宜刀雙魚洗

刀即侯省。

富貴昌宜侯王洗

君宜子孫也雙魚洗

君宜子孫雙魚洗

長宜子孫雙魚洗

文同字異。

大吉羊雙魚洗

奩　凡一

晉太康奩

十四字。

武帝即位二十六年己酉。

銅牌　凡一

西夏銅牌

弩鐖　凡二十二

古弩鐖之制，外爲郭，郭，廓也。其自廓面上出者爲牙，牙所以鉤弦開體也。其中藏者爲臂，名之以其形，所以捩牙者也。其下出者爲鐖，鐖動則臂動，臂動則牙動而弩發也。其横穿之二爲鍵，鍵之圜，鐖之所以轉也。古人之巧皆神明，規矩而堅樸。八石之弩，其力當九百六十斤，而以三器爲鐖，鐖蹶而臂牙即脱，非理明者孰能作乎。洋人則以法條爲鐖，用久則弱而力減。今改用火，皆糜費行險而不可久之智也。光緒元年乙亥五月十八日，拓弩鐖畢，記此。

永元六年十万工造四石鐖郭
東漢和帝。
元初二年賞邊發八石鐖郭
東漢安帝。
山左土物。
元初二年殘鐖郭
東漢安帝。
永和二年五月書言府四石鐖
東漢順帝。

永壽二年正月己卯詔書四石鐖

東漢桓帝。

京兆官弩弩牙

字在高牙側。京兆尹，長安都也。

太僕鐖

無年月。

京兆官弩，字在牙。

永元鐖有太僕護工掾。

河內工官弟六十十兩鐖

字在郭後。又牙又臂。文同。

河內郡名，懷縣有工官。

六十言其數，十兩言其重。

河内工官百八九三丁鐖鍵

九丁字未定。

河内工官千六百廿六兩鐖

郭後牙側臂側鐖側二鍵側文同。

數千六百，重廿六兩。

河内工官二千九十兩鐖

郭後牙側臂側鐖側二鍵有字文同。

鍵無文者小。

南陽工官鐖二鍵

有字。字俱有泐。

南陽郡名，宛縣有工官。

南陽工官鐖二鍵

字更泐。

館陶郭小鐖

字在面。

館陶縣屬魏郡。

河東馮久鐖

字在前。

河東郡名。

河東李游鐖

字在前。

一時物，同出土，俱河東姓名。

大吉弩

隸佳。

魏正始二年左尚方鐖

字在郭面。又徐州官弩四字倒書在後，又徐字一在前胥，又戴字一在前，又一百六十九字在右側，臂上同，牙同，又軍字一在牙曲鐖側，存一九字。邵陵公芳。

膠西張不群舊藏。

止始五年十二月卅日左尚上造步弩鐖郭

字在面。

二攵，字在前，舊釋五官。

何氏小鐖

當是六朝物。

光武作飛寅箭，攻赤眉，今傳世小弩鐖或其遺制。

邵鑕陳宗鐖郭

疑隋。

遲秀調祝元鏝弩牙

合符鉤　凡一

益壽合笵鉤

光緒九年七月十七日，幼泉爲余得此于白浪河干市上。廿五日，田子正以小刀擊剖之，始見字。日或曰是日，款則無。次日甲辰拓記。匽齋。

周□三年戟戈文十五字

厓或是厓三四年季邵邦令命軥軥庶庶上上庫軍

年埶郢龏龍梁梁乙鼎

或是馬

光緒八年五月既望辛丑收高文翰游豫所得

可名旨邪戈軥當是地名

余藏卅三年戈左軍下大有季字與此同是一國一旹物

宋元公戈

出任城見濟甯志

光緒辛巳冬得之方子聽

史記作元公佐此作差可正今本之誤

元公元年周景王十三年庚午也

胡郎造於貝見三代古兵器

葛嶧山杜古文呂覽嶧陽濮志注也亦易

郎嶧陽毀戮於也於夫郎族丕易族稱之也

竹書齊外王元年滅之稱之叛左氏昭元年

齊多滅稱宮元年莒人伐遷于稱之古國地

廿二

東戈一字

東形兼底而兩端束也

封面題字　陳繼揆
封面設計　程星濤
責任印制　梁秋卉
責任編輯　李縉雲

圖書在版編目（CIP）數據

簠齋金文題識/(清)陳介祺著；陳繼揆整理 .—北京：
文物出版社，2005.12
ISBN 7 - 5010 - 1759 - X

Ⅰ.簠 ... Ⅱ.①陳 ...②陳 ... Ⅲ.金文 - 匯編 - 中國 - 清后期 Ⅳ.K877.33

中國版本圖書館 CIP 數據核字（2005）第 060609 號

簠齋金文題識
[清]陳介祺

文物出版社出版發行
（北京五四大街 29 號）
http://www.wenwu.com
E - mail:web@wenwu.com
北京聖彩虹制版印刷技術有限公司
850×1168　1/32　印張：4.75
2005 年 12 月第一版　2005 年 12 月第一次印刷
ISBN 7 - 5010 - 1759 - X/K·928　定價：22 元